The

Dream Journal

To be used with the book,
The Ancient Language of Dreams
And Their Biblical Interpretation

Name _____

Year _____

Brought to you by Biblefacts.org

Copyright 2015, by Ken Johnson, Th.D.

The Ancient Language of Dreams
by Ken Johnson, Th.D.
Printed in the United States of America

ISBN-13: 978-1517346614
ISBN-10: 1517346614

My Dream Journal

Title: _____

My Dream Journal

Title: _____

Date

My Dream Journal

Title: _____

Date_____

My Dream Journal

Title: _____

Date

My Dream Journal

Title: _____

Date_____

My Dream Journal

Title: _____

Date_____

My Dream Journal

Title: _____

Date_____

My Dream Journal

Title: _____

Date_____

My Dream Journal

Title: _____

My Dream Journal

Title: _____

Date_____

My Dream Journal

Title: _____

My Dream Journal

Title: _____

Date

My Dream Journal

Title: _____

Date

My Dream Journal

Title: _____

Date_____

My Dream Journal

Title: _____

Date_____

My Dream Journal

Title: _____

Date_____

My Dream Journal

Title: _____

Date_____

My Dream Journal

Title: _____

Date

My Dream Journal

Title: _____

Date

My Dream Journal

Title: _____

Date_____

My Dream Journal

Title: _____

Date

My Dream Journal

Title: _____

My Dream Journal

Title: _____

Date_____

My Dream Journal

Title: _____

Date_____

My Dream Journal

Title: _____

Date_____

My Dream Journal

Title: _____

Date_____

My Dream Journal

Title: _____

Date_____

My Dream Journal

Title: _____

My Dream Journal

Title: _____

Date_____

My Dream Journal

Title: _____

My Dream Journal

Title: _____

My Dream Journal

Title: _____

Date_____

My Dream Journal

Title: _____

Date_____

My Dream Journal

Title: _____

My Dream Journal

Title: _____

My Dream Journal

Title: _____

Date

My Dream Journal

Title: _____

Date_____

My Dream Journal

Title: _____

Date_____

My Dream Journal

Title: _____

Date_____

My Dream Journal

Title: _____

My Dream Journal

Title: _____

Date_____

My Dream Journal

Title: _____

Date

My Dream Journal

Title: _____

Date

My Dream Journal

Title: _____

My Dream Journal

Title: _____

Date_____

My Dream Journal

Title: _____

Date_____

My Dream Journal

Title: _____

My Dream Journal

Title: _____

Date _____

My Dream Journal

Title: _____

My Dream Journal

Title: _____

Date

My Dream Journal

Title: _____

Date_____

My Dream Journal

Title: _____

Date_____

My Dream Journal

Title: _____

My Dream Journal

Title: _____

My Dream Journal

Title: _____

Date_____

My Dream Journal

Title: _____

Date_____

My Dream Journal

Title: _____

Date_____

My Dream Journal

Title: _____

Date_____

My Dream Journal

Title: _____

Date

My Dream Journal

Title: _____

My Dream Journal

Title: _____

Date_____

My Dream Journal

Title: _____

Date_____

My Dream Journal

Title: _____

Date

My Dream Journal

Title: _____

Date_____

My Dream Journal

Title: _____

My Dream Journal

Title: _____

Date_____

My Dream Journal

Title: _____

Date_____

My Dream Journal

Title: _____

My Dream Journal

Title: _____

My Dream Journal

Title: _____

Made in the USA
Columbia, SC
01 July 2025